MEDITAÇÃO
**para quem acha
que não consegue meditar**

Sandro Bosco

MEDITAÇÃO
para quem acha que não consegue meditar

Ilustrações de Gilles Eduar

© 2015 – Sandro Bosco
Direitos em língua portuguesa para o Brasil:
Matrix Editora
www.matrixeditora.com.br

Diretor editorial
Paulo Tadeu

Capa e diagramação
Monique Schenkels

Ilustrações
Gilles Eduar

Revisão
Silvia Parollo
Adriana Wrege

Este livro foi realizado com o apoio da Curadoria
de Conhecimento – Roberto Straub

www.orbitas.com.br

CIP-BRASIL. CATALOGAÇÃO-NA-FONTE
SINDICATO NACIONAL DOS EDITORES DE LIVROS, RJ

Bosco, Sandro

Meditação para quem acha que não consegue meditar /
Sandro Bosco. - 1. ed. - São Paulo: Urbana, 2015.
128 p.: il.; 18 cm.

Inclui índice
ISBN 978-85-8230-170-8

1. Meditação. 2. Vida espiritual. I. Título.

| 15-19748 | CDD: 299.93 |
| | CDU: 289.9 |

Sandro dedica este livro a Alice,
Leonardo, Matheus e Lucas.

Gilles dedica aos parceiros de meditação
Maria, Gaetan e Adebayo.

Sumário

Agradecimentos 11
Prefácio 13

1. Por que meditar? 18
2. Como arrumo tempo para meditar? 21
3. Não sou disciplinado. O que devo fazer? 23
4. Como vou saber se estou meditando? 25
5. Qual a diferença entre meditar e um simples relaxamento? 26
6. Quanto tempo é necessário para aprender a meditar? 28
7. Qual a melhor posição para meditar? 31
8. Qual a melhor hora do dia e por quanto tempo é ideal meditar? 32
9. Tenho dificuldade de meditar por mais tempo. O que faço? 35
10. Qual é o melhor lugar para meditar? 37
11. O que devo fazer se não consigo ficar parado? 38
12. Sinto muito formigamento. O que posso fazer? 41
13. E se eu tiver coceira? 43
14. E se eu tiver dor nas costas? 45
15. Sinto muito sono e até durmo quando sento para meditar. O que devo fazer? 47

16. Posso meditar deitado? 48

17. Posso meditar estando em movimento? 51

18. É possível meditar de olhos abertos? 53

19. É mais fácil meditar perto da natureza? 55

20. Como meditar quando estou viajando? 56

21. O barulho do ambiente ou da rua não me deixa meditar. O que faço? 59

22. Música e sons ajudam? 61

23. Qual é a roupa ideal para meditar? 63

24. Acessórios ajudam a meditar? 65

25. É importante estabelecer uma rotina, ter um ritual? 67

26. É melhor meditar sozinho ou em grupo? 69

27. Posso começar em qualquer idade? 71

28. A alimentação interfere na meditação? 72

29. O que mais interfere na meditação? 75

30. Não consigo parar de pensar quando medito. O que faço? 76

31. Nem sempre fico em paz quando medito. O que faço? 78

32. O silêncio me incomoda. Meditação é para mim? 81

33. É normal sentir medo? 83

34. Estou numa fase difícil, com vários problemas. Como meditar? 84

35. Quando medito, às vezes perco a consciência do corpo. É normal? 87

36. Meditar tem alguma contraindicação? 89

37. É arriscado ler este livro e tentar aprender sozinho? 90

38. Posso usar técnicas diferentes? 93

39. Preciso seguir uma religião ou cultura para meditar? 95

40. Meditar vai me afastar de amigos que não meditam? 97

41. Meditação é uma forma de fuga da realidade? 98

42. Vou aprender a controlar pensamentos ruins meditando? 101

43. Meditação ajuda nos esportes e nos estudos? 102

44. Meditação aumenta a criatividade? 105

45. Devo buscar um estado especial na meditação? 106

46. Devo interromper a meditação e anotar se surgir uma ideia ou percepção importante? 108

47. Meditação ajuda a mudar hábitos? 111

48. Vou precisar meditar pelo resto da vida? 113

49. Gostei deste livro. Como devo começar a meditar? 114

50. Afinal, quais são os efeitos positivos da meditação? 117

Cinco técnicas simples de meditação 121

Agradecimentos

À Fernanda Felmor, pelo trabalho cuidadoso de revisão dos textos, com dicas valiosas e sempre de forma amorosa.

À Paula Rocha e Dani Tranchesi, pelo perseverante e irrestrito apoio aos meus cursos e livros e pela divulgação carinhosa do meu trabalho de meditação.

Ao Roberto Straub, pela inesgotável energia, dedicação, trabalho e pela tão pontual e afiada visão de comunicação no conteúdo, para que no final este trabalho ficasse acessível ao maior número de pessoas. Obrigado pela ideia e contribuição, desde a concepção até o nascimento do livro.

Ao querido Gilles, que nesta coautoria contribuiu com sua arte única e seu desenho leve e bem-humorado.

À Maria Eduar, pelo apoio na direção de arte e ao editor Paulo Tadeu, grande parceiro, que ao abraçar a ideia em seu início trouxe coragem ao projeto e tornou-o realidade.

Por fim, meu maior agradecimento aos meus mestres de meditação, que nesta vida tornaram acessível para mim esse precioso caminho.

Já foi dito uma vez que meditação é o caminho do coração, então, a todas as pessoas queridas que sempre me apoiam, de coração para coração, o meu muito obrigado!

Prefácio

Hoje não consigo imaginar como seria minha vida se logo cedo eu não tivesse encontrado a meditação. Toda vez que pensei sobre isso ficou uma interrogação: como seria?

Isso porque ela teve uma importância fundamental em minha vida. Ainda jovem, gostava de estudar meditação, yoga, alimentação, e precisava me sentir integrado à sociedade, pois meus interesses não eram os mesmos da maioria de outros jovens da minha idade, tampouco da maioria dos adultos. Com essa prática milenar fui conseguindo encontrar esse chão mais firme dentro do ambiente em que vivia.

Minha mente não é do tipo em que um mais um é sempre igual a dois. Meditar me fez aprender a ser mais objetivo e direto, a usar melhor a máquina de calcular da vida para entender que às vezes a soma resulta em dois mesmo e ponto.

Uma das coisas que me chamaram bastante atenção ao começar a estudar e praticar foi aprender, pelos ensinamentos de mestres do assunto, que meditar é algo simples, mas que a mente humana tem facilidade para complicar as coisas.

Compreendi com a experiência que, para tornar a mente cada vez mais simples, o caminho era meditar com regularidade.

Observei que os sábios e mestres que conheci eram simples nas palavras, nos ensinamentos, e suas vidas foram repletas de ação.

Para começar a meditar, geralmente você ouve o seguinte comando: "Sente-se em posição confortável, com a coluna ereta, em seguida respire fundo três vezes, depois feche os olhos e observe o movimento da respiração". Pergunto a você: existe algo mais simples que isso?

Então por que temos dificuldade em meditar?

Porque a dificuldade humana não é pensar, coisa que fazemos sem freios, e sim agir. E meditação é ação!

Outro motivo: se é difícil, é porque ainda não vemos o mundo que nos cerca pelos olhos da simplicidade e também como funcionamos nele.

Se não existe algo mais simples do que meditar, durante toda a vida procurei, como professor, maneiras para que cada vez mais pessoas, de diferentes origens e valores pessoais, aprendessem que isso é mesmo simples e viável!

O caminho que encontrei como orientador é estar disponível para acolher todo tipo de pergunta que chega de forma sincera e ser acessível nas respostas, mantendo o foco de sempre simplificar. Depois percebi que não poderia haver palestra ou aula teórica sobre meditação sem praticar. Porque, como disse, meditação é ação!

No início da minha carreira me perguntavam por que eu não ensinava meditação formalmente. Eu pensava e respondia: "Porque é muito simples, quase não há o que ensinar". Então fui cedendo aos pedidos e compreendendo quais eram as dificuldades das pessoas em seus contextos cotidianos. Dei-me conta de que a lista era grande. A partir daí, nunca desisti do desafio de mostrar que a meditação é um processo de descomplicação.

No processo de ensinar meditação aprendi que é fundamental desmistificar. Noto quanto a mistificação tende a tornar esse tema hermético e isolado. Se a meditação me integrou e me afastou do sentimento de estar isolado dos outros, por que não apresentá-la para mais e mais pessoas? Hoje ela está presente e tem seu espaço garantido até em locais como empresas e hospitais.

Então o foco principal deste livro é orientar você a meditar, a inserir a meditação em sua vida.

Aqui você encontrará o "quase não há nada a ensinar "condensado em 50 perguntas e respostas, baseadas na experiência dos eventos que conduzi e conduzo, como palestras, cursos e retiros em que a meditação é o tópico central ou faz parte da programação. Essas perguntas vieram de pessoas como eu e você: as que trabalham, estudam, têm família, pagam as contas e vivem em sociedade. Por isso as respostas não são para eremitas que vivem sós em uma gruta na montanha, acreditando que só assim poderão meditar e auferir benefícios.

Essas respostas são para você, e as ofereço como um atalho!

Mesmo não sendo um livro direcionado a apresentar diferentes linhas de meditação, indico no final cinco técnicas acessíveis para iniciantes e praticantes experimentarem.

Em todos os lugares em que ensinei eu encontrei três tipos de interessados: os que nunca meditaram, os que tentaram e pararam e os que praticam. Os três tipos sempre são bem-vindos e sempre têm o que aprender.

Os que nunca meditaram demonstram resistência, pois em geral trazem ideias preconcebidas do que é meditar associadas a culturas distantes ou a práticas muito austeras. Se esse é o seu caso, você encontrará neste livro muitas dicas de como simplificar e incorporar a meditação ao seu cotidiano. Aliás, esse é o principal objetivo deste livro.

Os que já tentaram e não prosseguiram justificam que esbarraram em questões como falta de tempo ou agitação, e daí mostro quanto esses obstáculos estão dentro de cada um de nós ou, melhor dizendo, quanto a dimensão que damos a esses obstáculos está dentro de nós. Assim eles se tornam mais fáceis de ser removidos. Muitas das questões aqui abordadas são voltadas para esse "namoro" entre a meditação e o seu ritmo diário.

Os que já meditam encontram um refresco ao renovar seu ânimo, descobrir novas formas e possibilidades de meditar e uma oportunidade de enxergar algo estabelecido em suas vidas por um novo ângulo.

Por que é importante renovar nossa intenção na meditação?

Porque mesmo a meditação não está livre da força da acomodação e dos atos automáticos. Praticantes regulares correm o risco de acumular uma bagagem de dogmas, regras e abordagens místicas que fazem parte do conteúdo e dos passos de como aprenderam. Isso é algo que questiono continuamente em minha prática e na das pessoas que praticam comigo, pois a forma que escolho para transmitir é sem dogmas, trocando as regras por recomendações e alertando que a mística pode alimentar uma fantasia desnecessária nesse caminho.

**Sem mistificação a meditação fica mais acessível.
E é isso que busco!**

Agradeço aos mestres e sábios de tantas tradições orais, que pela herança que deixaram propiciaram a escolha de várias parábolas presentes neste livro como um acesso menos racional e mais sutil a esse universo de sabedoria. Você verá que reconto muitas anedotas e histórias do célebre Nasrudin, um personagem clássico do Oriente, pois elas nos trazem leveza, humor e precisão, tão necessários para lidar com nossas resistências e hábitos arraigados.

Meditar é algo lúdico, como brincar com as mãos na terra, nadar numa piscina, sentir-se criança novamente. Por isso a autoria deste livro é compartilhada com o amigo e artista Gilles Eduar, que com suas ilustrações leves, expressivas e divertidas apresentará a você mais um nível de percepção e compreensão dos conteúdos oferecidos.

Sandro Bosco

Perguntaram a Buda:

– Depois de tantos anos, o que você ganhou com a meditação?

A resposta:

– Não ganhei nada, mas perdi toda a raiva e a ansiedade.

1. Por que meditar?

É importante saber por que meditar. Há uma motivação positiva a partir desse "porquê". A maioria dos interessados nesse tema já sabe ou intui que a meditação pode trazer paz. Estão certos. Ela melhora a qualidade do que você pensa, como você vê, escuta e se relaciona com o mundo. Você aprende a ter um melhor discernimento e a se distanciar de agitações, emoções e acontecimentos perturbadores ao seu redor. Da mesma maneira, percebe o que é seu e o que precisa trabalhar sobre si mesmo.

É preciso estar ciente de que meditação não deixa de ser um relacionamento entre você, sua atenção e seus pensamentos. Haverá períodos em que você desfrutará desse relacionamento como de qualquer outro, e outros em que será mais difícil e você precisará investir mais para que tudo continue bem.

2. Como arrumo tempo para meditar?

Alguns minutos terão mais qualidade do que longos períodos, então não se preocupe com quantidade. À medida que sua prática se tornar regular e você reconhecer os benefícios, vai priorizar a meditação no lugar de outras atividades que não sejam tão úteis ou benéficas.

A dificuldade de encontrar tempo para qualquer nova atividade está associada à nossa identificação excessiva com certos fatores externos e com nosso entorno, e principalmente com as obrigações em relação aos outros. Não estamos habituados a dar prioridade em cuidar de nós mesmos.

Muitos passageiros estranham quando recebem instruções num avião para colocar a máscara de oxigênio primeiro em si próprios e depois em outros que necessitem de ajuda numa emergência. Depois entendem que isso é para ter capacidade de ajudar, algo lógico e objetivo. Por que não priorizamos estar bem antes de querer que os outros estejam bem?

Negociar a questão do tempo com você mesmo é a chave. Se você vai iniciar com alguns minutos por dia, avalie, entre as coisas que você faz, aquelas de que pode abrir mão e doe esse tempo para sua meditação. Para muitos alunos, meditar é uma opção pela saúde física e mental, enquanto para outros é uma decisão de estabelecer a prática como prevenção antes de precisar dela.

Um vizinho bate à porta de Nasrudin para pedir emprestada uma corda e ouve:
– Sinto muito, mas não posso emprestá-la.
– Por que não?
– Porque estou usando.
– Como assim? Daqui posso ver a corda ali no chão...
– Sim, é esse seu uso!
– E quanto tempo ainda você vai usá-la dessa maneira?
– Até ter vontade de emprestá-la!

3. Não sou disciplinado. O que devo fazer?

A maioria de nós associa disciplina a algo rígido, que necessita de austeridade para ser conquistado. Mas acredito que há grande poder em associar disciplina a um caminho amoroso através de maior tolerância consigo mesmo. E vale a pena, porque só a disciplina garante a verdadeira liberdade. Eu não a vejo como uma trilha árdua ou montanha sinuosa, mas como um caminho estável numa planície. Tem mais relação com escolha do que com qualquer outra coisa.

Liste quantas coisas básicas e boas você já conquistou na vida através da disciplina, como terminar seus estudos, criar um filho ou desenvolver um trabalho; reconheça que em todas você persistiu, e isso vai validar que já fez várias coisas com começo, meio e fim. Você já tem disciplina!

Assim, estará descobrindo com amorosidade e tolerância como trazer essa disciplina que você já desenvolveu para sua prática regular de meditação. Mantenha uma atitude que reconheça a cada dia que o tempo que você dedicou à meditação foi suficiente e isso vai fazer diferença.

Nasrudin foi para a praça do mercado e se dirigiu aos que ali estavam:
– Ó povo deste lugar! Querem conhecimento sem dificuldade, verdade sem falsidade, realização sem esforço e progresso sem sacrifício?
Imediatamente um grande número de pessoas interessadas aglomerou-se gritando juntas:
– Queremos, queremos!
– Excelente! Era só para saber. Podem confiar que contarei tudo a respeito caso um dia descubra como.

4. Como vou saber se estou meditando?

É mais fácil perceber quando você não está meditando. Meditação é um tipo de atividade mental diferente dos padrões habituais dos pensamentos. À medida que você pratica, fica cada vez mais clara essa diferenciação entre um estado mental pacífico e restaurador e esses padrões mais agitados e usuais da mente.

Para um iniciante é fundamental saber que, no começo, meditar é apenas aprender que está sentado como um observador de seus pensamentos. Quando nos aprimoramos nisso, parece que a mente passa a ter vergonha de continuar pensando sem parar!

Através dessa experiência, você notará que existe um intervalo entre dois pensamentos. Assim como milhões de antepassados e outros milhões de pessoas hoje, você terá encontrado o endereço em que mora a meditação!

Um mestre Zen estava sentado calmamente quando um discípulo aproximou-se e perguntou:
– Em que você está pensando aí, imóvel?
– Estou pensando no que está além do pensamento.
– E como faço para pensar no que está além do pensamento?
– Não pensando.

5. Qual a diferença entre meditar e um simples relaxamento?

Toda noite você precisa relaxar para dormir, mas não medita quando dorme.

Meditação é ir além dos pensamentos. Você anotou o endereço dela na pergunta anterior?

Quando está apenas relaxando, você ainda está pensando e continuará pensando mais ou menos. Pensamentos são como o vento: você não sabe quando mudam nem quando vão ficar mais intensos ou brandos.

Quando meditar, busque ficar em paz e desperto, seja lá o que estiver ocorrendo internamente. A paz é um estado ou virtude que já está em cada um. Com a prática você está treinando para acessá-la dia após dia.

É como marcar um caminho para não se perder, e assim ganhar confiança em si e nas técnicas até se familiarizar com esse caminho. Essa segurança de fechar os olhos e reconhecer seus caminhos internos vai trazer uma combinação saudável de alerta e relaxamento que é muito eficiente para meditar.

6. Quanto tempo é necessário para aprender a meditar?

Aprender a meditar é aprender a se entregar. Daí você perguntará: mas como aprendo a me entregar?

Se você chegou ao ponto que considera que precisa aprender a meditar, isso é bom e facilitará seu caminho. Por quê?

Porque, quando você percebe de fato a necessidade de meditar, a entrega é maior. Esforço e entrega são como as asas de um pássaro: ele precisa de ambas para voar!

Sente-se para meditar e entregue-se ao que estiver acontecendo. Aceite como você está naquele momento. Se estiver cansado, inquieto, preocupado, sonolento... aceite!

Aceitar é reconhecer onde você está. Você parte de algo real e sai da fantasia de onde quer chegar ou de onde deveria estar. Pratique sem medir o resultado a cada segundo. Pratique com entrega, dando tempo ao tempo. Desfrute do que você está fazendo, mesmo que seja para lidar com certa dificuldade. Talvez você nem identificasse essa dificuldade se não estivesse sentado para meditar. A prática regular da meditação vai tornar você um expert em remover obstáculos da sua vida!

O mestre Jiddu Krishnamurti disse uma vez que a meditação é tanto o caminho como a chegada. Então, se você começou, já chegou!

No Japão, um candidato a lutador que tinha muita ambição e também pressa buscou por todo o país um famoso instrutor de artes marciais. Ao encontrá-lo, o aspirante pergunta ao mestre:
– Desejo estudar caratê e ser o maior lutador do país. Quanto tempo isso levará?
– Não menos de dez anos.
– Mas é muito tempo! E se eu praticar o dobro do que me propõe?
– Daí serão vinte anos.
– Mas estou disposto a me dedicar sem parar, sem intervalo e também aos sábados e domingos.
– Então, trinta anos.
– Fiquei confuso. Então quanto mais aumento a minha dedicação ao treinamento, mais aumenta o prazo para eu virar um grande lutador?
– Claro! É porque quando um olho está fixo aonde se quer chegar, só resta um para encontrar o caminho.

7. Qual a melhor posição para meditar?

A boa atitude é a melhor posição. E a flexibilidade importante não é a do corpo, mas a da "postura interna".

Sentar é a melhor opção. Há muitas posições para se sentar, e a mais confortável deve ser aquela em que o corpo fica mais tempo quieto, firme e com menos incômodos.

Você tem a opção de se sentar no chão ou numa cadeira. Em ambos os casos, a altura do joelho deve ser inferior à linha da cintura, com as costas sempre eretas, mesmo se apoiadas. Para que isso aconteça, vamos precisar de ajustes diferentes:

Chão – para a maioria dos iniciantes, sentar-se direto no chão faz com que as costas se curvem, bloqueando a respiração, trazendo sonolência, dor ou cansaço nas articulações. Para evitar esse incômodo, sente-se sobre cobertores dobrados. Coloque vários cobertores, até encontrar a altura ideal para o quadril, numa posição em que a coluna fique ereta e vertical sem esforço algum. Apoie as mãos nas coxas perto do quadril e mantenha os ombros para trás e para baixo.

Cadeira – sente-se na beirada, sem cruzar as pernas e com os pés apoiados no chão. Ou sente-se mais para trás e coloque uma almofada ou cobertor dobrado para apoiar apenas a parte inferior das costas, a região lombar. Isso ajudará a deixar as costas estáveis, o peito aberto e uma respiração que o mantenha desperto. Apoie as mãos nas coxas perto do quadril e mantenha os ombros para trás e para baixo.

8. Qual a melhor hora do dia e por quanto tempo é ideal meditar?

A melhor hora do dia é aquela em que você consegue meditar. Seja prático! De manhã o corpo está enrijecido, mas a mente está fresquinha. À noite o corpo está flexível, mas a mente está agitada e com mais informações. Portanto, veja o que é melhor para você e decida!

Meditação tem a ver com o "despertar". Despertar para novos espaços internos da sua mente, despertar para saber mais sobre você mesmo.

Os sábios antigos ensinam que a primeira hora antes do nascer do sol, o despertar de toda a natureza, é a hora ideal para meditar. Mas, insisto, deve ser a sua hora ideal durante seus afazeres, e não algo que se torne um problema.

A qualidade é tão ou mais importante que a quantidade. Comece com cinco minutos uma ou mais vezes ao dia. Meditadores regulares variam de vinte minutos a uma hora por dia, mas não se baseie nos outros, e sim em você.

Quando você meditar com regularidade, será normal aumentar o tempo de cada sessão. Isso é válido se for um movimento orgânico, ou seja, quando o tempo aumentar sem esforço seu.

É obrigatório? Não! Mas não é proibido.

O máximo de tempo que oriento é de uma hora por dia. Ou, se preferir, duas sessões de meia hora. Ao aumentar o tempo de meditação é importante fazer exercícios de alongamento antes e depois, para que sua coluna vertebral e articulações do quadril e pernas não sofram lesões.

Avalie suas possibilidades, organize-se e invista!

9. Tenho dificuldade de meditar por mais tempo. O que faço?

A principal destreza é desligar-se do tempo.

Isso não é uma pegadinha. Você se desliga do tempo em vários momentos: quando se concentra em uma atividade no trabalho ou se entretém em uma conversa com um amigo.

Pode parecer contraditório, mas, para aumentar o período de meditação sem se preocupar, use um *timer* ou o despertador de um celular com som gostoso. É uma boa estratégia!

Algo que sempre segui e quero compartilhar é que cumpro o tempo que estipulo para meditar. Vou até o fim, mesmo que naquele momento tudo pareça não estar a favor da meditação. Em suma, cumpra o combinado com você mesmo, apesar de todas as inquietações e resistências que possam surgir.

No final, se puder, prolongue a sessão sem compromisso. Assim o exercício se tornará seu aliado para apaziguar sua mente e se conciliar com o tempo.

Meditar não é buscar, é entregar-se!

10. Qual é o melhor lugar para meditar?

Meditação é um lugar interno de calma e estabilidade que conhecemos melhor aos poucos, e à medida que nos fortalecemos aprendemos a acessá-lo inclusive em locais adversos.

Se você é um iniciante, pratique bastante num mesmo lugar e só depois vá experimentando novos lugares. A mente, através dos órgãos de percepção, se distrai muito rápido com ruídos, movimentos de ar e a luz que incide nos olhos. A penumbra e um local silencioso dão um empurrãozinho amigável para que você se volte para dentro.

Um ritual de preparação exerce uma boa referência para os sentidos e garante a sensação de estar no "lugar certo" onde quer que você esteja.

11. O que devo fazer se não consigo ficar parado?

Comece deitado e durante um período observe sua respiração, mesmo que seja por poucos minutos. Gradativamente você verá que é possível fazer o mesmo estando sentado. Afirmo que você consegue ficar parado porque já faz isso quando dorme por longas horas todas as noites, ou quando fica sentado e concentrado em um tipo de lazer ou no trabalho.

Vai levar um tempo para que você assimile que a meditação é dinâmica e que como observador você não está parado. Dentro de seu corpo e de sua mente acontecem muitas coisas que você vai passar a enxergar por um novo ângulo.

Nesses longos anos ensinando, vi incontáveis transformações em indivíduos agitados que encontraram na meditação uma espécie de trégua. Para algumas pessoas essa transformação resultou em ficar menos reativo a tudo e a todos. Para outras, em uma revisão do que era mais significativo e, por consequência, em maior clareza para lidar com questões importantes.

Certa vez, Nasrudin foi comprar um cavalo. Ao encontrar um animal que atraiu sua atenção, ficou fascinado e fechou o negócio na hora. O vendedor avisou que era um cavalo fogoso e perguntou se ele tinha experiência com esse tipo de animal.

Afoito, Nasrudin nem respondeu e pediu que selassem o cavalo, saindo logo a cavalgar. Como esperado, o cavalo disparou, descontrolado, invadindo o mercado local, derrubando barracas e assustando a todos.

Um conhecido de Nasrudin, ao ver aquela cena, gritou:

– Nasrudin, o que você está fazendo? Por que está correndo tanto?

– Não sei... pergunte ao cavalo!

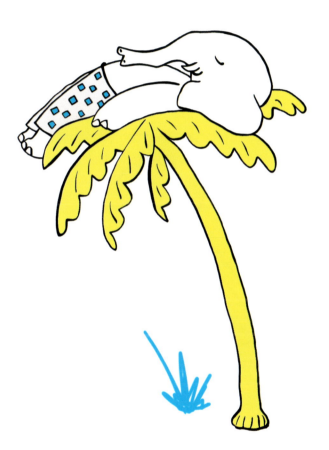

12. Sinto muito formigamento. O que posso fazer?

Formigamento é um bloqueio na circulação que surge nas pernas ou nos pés, consequência da forma de se sentar. O corpo está informando que você precisa de mais espaço na articulação em que a coxa encontra o quadril. Pequenas mudanças na posição dos pés e na distância entre os joelhos ajudam bastante.

Reveja o item sobre a melhor posição para meditar e lembre-se de que o importante é que seus joelhos não fiquem mais altos que o quadril. Se você está sentado em uma cadeira, note se não há compressão na parte de baixo das coxas. Nesse caso, suba a altura dos pés com um apoio. Exercícios de alongamento das pernas antes de cada sessão e caminhadas regulares também ajudam.

13. E se eu tiver coceira?

Muitas vezes não temos consciência das pequenas coceiras que ocorrem sempre em nosso corpo. A coceira está relacionada com a inquietação da mente. Ela fica evidente quando nos sentamos para meditar e nos propomos a ficar com o corpo imóvel.

Há duas opções: não coçar, então, à medida que sua atenção vai para outro lugar a sensação passa; ou fazer um movimento mínimo e lento para coçar e manter a consciência de cada centímetro desse movimento até a mão voltar à posição inicial.

O uso de roupas adequadas, confortáveis e que não apertem também contribui para evitar coceira.

14. E se eu tiver dor nas costas?

Se você seguiu as instruções dadas anteriormente sobre como se sentar, no chão ou na cadeira, e ainda assim sentir dor nas costas durante ou depois de uma sessão, faça pequenos ajustes nas instruções até encontrar uma posição que permita maior estabilidade e conforto.

Primeiro, observe se não está com a cabeça projetada para a frente, pois isso tensiona o pescoço e fecha o peito, causando dor nas costas e no próprio pescoço. Experimente sentar em um cobertor dobrado – ou a quantidade necessária – para garantir a verticalidade das costas e para que o rosto não fique inclinado para baixo.

Depois, se for apoiar as costas no encosto de uma cadeira ou numa parede, varie o tamanho das almofadas ou a quantidade de cobertores que colocar na região lombar, até se sentir confortável para conseguir permanecer mais tempo nessa posição. Lembre-se sempre de levar os ombros para trás, apoiando as mãos nas coxas, perto do quadril.

Se o problema for antigo ou crônico, deite-se no chão depois da sessão de meditação por cinco minutos e coloque uma almofada como apoio debaixo da região lombar. Se ainda assim a dor persistir, procure a ajuda de um especialista para fazer uma avaliação da sua coluna.

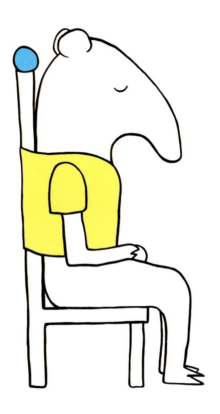

15. Sinto muito sono e até durmo quando sento para meditar. O que devo fazer?

Conforme a maneira como se senta para meditar você respira melhor ou não, e isso provoca sonolência.

Imagine uma águia respirando com o peito aberto e erguido e, ao contrário, imagine a respiração de um bicho-preguiça que fica deitado todo torto pendurado em uma árvore.

Sentar com a coluna ereta melhora a respiração, o cérebro recebe bastante oxigênio e você fica bem desperto!

O sono também tem relação com a hora que você escolhe para meditar. A meditação é uma atividade orgânica. Se você estava dormindo pouco e passa a dormir bem, é um sinal de que a meditação está relaxando seus músculos e silenciando a mente, por isso pode até acontecer de você adormecer. Procure meditar no horário em que você sente menos sono e siga as instruções fornecidas no início do livro sobre como manter a coluna ereta.

16. Posso meditar deitado?

Claro! Meditar deitado é possível, desde que você não adormeça. Seu corpo deve permanecer na mesma posição, ou seja, imóvel.

Se você iniciou em uma posição e terminou em outra, saiba que dormiu e portanto não meditou. Ao deitar, apoie a cabeça e o pescoço em cima de um cobertor dobrado para ter maior conforto. Coloque os braços esticados e relaxados próximos ao corpo, com as palmas das mãos voltadas para cima.

Depois de um tempo praticando dessa maneira, experimente meditar sentado.

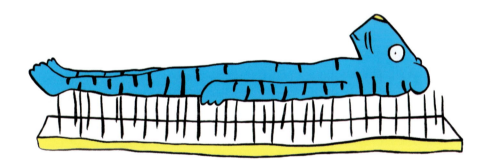

17. Posso meditar estando em movimento?

Para muitos que se consideram hiperativos, caminhar pode ser uma forma de meditar. Mas não é qualquer tipo de caminhada! Você deve caminhar sozinho e em silêncio. Se estiver em grupo, todos devem estar imbuídos dessa intenção e o silêncio deve ser de comum acordo.

Uma técnica é direcionar a atenção para o corpo físico a fim de sentir sua força nos passos. A outra é direcionar a atenção para a respiração enquanto caminha. Nos dois casos é positivo que você caminhe mais devagar do que o habitual. Isso porque no seu padrão usual você está mais perto do plano automático dos hábitos. Muitos relatam bons resultados quando correm, o que também é benéfico em silêncio.

Se esse tipo de aproximação da meditação for necessário para você, oriento que, como no caso da pergunta anterior, seja apenas um recurso para mais adiante se preparar para meditar sentado.

18. É possível meditar de olhos abertos?

Meditar de olhos fechados é o caminho mais fácil. Entre os estímulos da audição, do olfato, do tato e da visão, os da última absorvem a maior parte de nossa atenção. Fechados e recebendo pouca incidência de luz, os olhos relaxam e isso acalma o cérebro, alterando sua frequência de ondas. A mente, como é muito competente, traduz qualquer estímulo em imagens ou palavras, gerando pensamentos contínuos que roubam nossa serenidade.

Se você quiser meditar de olhos abertos, procure estímulos visuais que aquietem a mente, ou seja, que você perceba que conduzem à meditação, como as mandalas, que existem em várias culturas. Ou contemple a chama de uma vela como exercício de concentração. Outra opção é aproveitar a beleza de um cenário natural como ponto de partida para sua sessão.

Conta-se que Buda, convidado a falar diante de vários discípulos, exibiu apenas uma flor, sem pronunciar uma única palavra. E esse foi seu sermão.

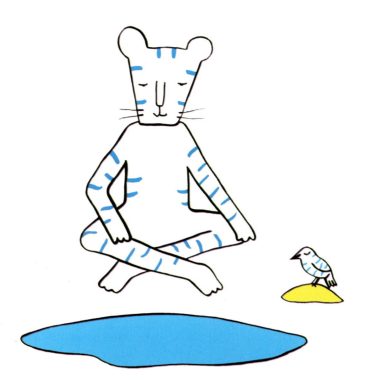

19. É mais fácil meditar perto da natureza?

Há um texto antigo chamado Upanishads, que diz:

O universo inteiro está em meditação
A Terra mantém sua posição pela meditação
O fogo queima pela meditação
E o vento sopra pelo poder da meditação

A natureza nos inspira a relaxar e a transcender a visão cotidiana do mundo. Quando conduzo um grupo em um retiro, priorizo locais fora das cidades, em lugares inspiradores na natureza.

Se você parar na frente de um lago ou do mar e contemplar os movimentos da água, chegará a um estado observador. Essa qualidade de pura observação é importante para um bom meditador!

Da mesma forma, o som da água de um rio, do oceano ou do vento nas folhas de uma árvore traz tranquilidade, por isso você fica predisposto a enxergar a natureza com todo o seu esplendor. Essa capacidade de ver e enxergar, que vai além do olhar superficial, é meditação. Quando apreciamos a imensidão de uma montanha, de um vale ou de uma planície, conseguimos reconhecer essa grandeza dentro de nós!

20. Como meditar quando estou viajando?

Para meditar em viagens há três situações usuais com as quais nos deparamos e todas elas despertam a necessidade de adaptação, o que é ótimo para fortalecer a prática e a determinação.

A primeira é o local novo, e isso desafia quem se habituou a praticar em casa no mesmo lugar. Seja num quarto de hotel ou outro lugar em que você esteja hospedado, não sente em qualquer ponto. Antes de iniciar, olhe, sinta e decida. Animais domésticos têm esse jeito de agir: não deitam para um cochilo sem antes escolher o melhor local. É uma dica de que nós também podemos usar nossos sentidos para perceber melhor onde meditar.

A segunda situação é técnica e depende de você se informar em que horário o local será silencioso ou quando será menos agitado. É como um navegador que verifica qual é a melhor hora para navegar, para ter ondas do mar favoráveis, ventos etc. Já me vi optando por um quarto de hotel que fosse silencioso em detrimento de outras vantagens, como facilidade de acesso ou melhor vista.

A terceira situação tem relação com algo pessoal e bem poderoso. Muitos se reservam o direito de preservar a intimidade, de manter a meditação como algo sigiloso, sendo que, muitas vezes, até os melhores amigos desconhecem esse hábito sadio. Mas, se você está viajando, talvez esse nível de exposição mude e isso não é ruim. Chamo de "a hora de você assumir que medita"– conte que essa é uma prática que lhe faz bem ou que você está experimentando. Quando assumimos algo para os outros, também assumimos de uma vez para nós mesmos!

Isso não significa que você vai colocar um crachá de "meditador sênior" e sair por aí pregando em lugares públicos, mas com certeza sua atitude interna e externa mudará e também sua maneira de se relacionar consigo mesmo. É um passo importante para incorporar a meditação à sua vida.

21. O barulho do ambiente ou da rua não me deixa meditar. O que faço?

Primeiro, busque um horário silencioso. Bastam os ruídos internos dos pensamentos!

Além disso, faça um exercício para identificar o som mais distante que captar. Aos poucos, vá aproximando a escuta de diferentes sons externos até chegar àqueles bem próximos, como o som ambiente ou o de um fundo musical, e por fim o de sua própria respiração.

Isso vai criar a conexão com seu silêncio interior.

Ao ouvir um forte estrondo, a mulher de Nasrudin correu para o quarto e perguntou:
– O que aconteceu?
– Não precisa se preocupar, foi apenas meu cobertor que caiu no chão.
– E fez todo esse barulho?
– É que na hora eu estava debaixo dele.

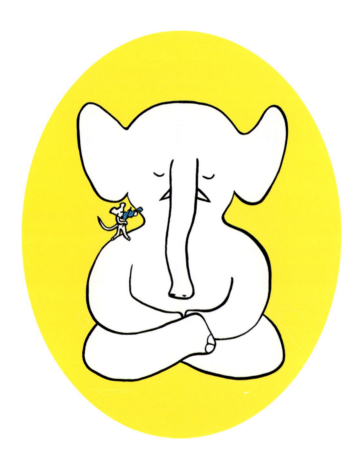

22. Música e sons ajudam?

Para iniciantes, a música ajuda se for utilizada como som de fundo para que seus ouvidos foquem nela e não em outros ruídos ao redor.

Seja cuidadoso ao escolher o tipo de música; prefira as instrumentais e lentas ou com sons da natureza. Sons como os de um rio ou riacho são calmantes e concentrar-se neles é uma técnica eficaz. A música não deve ativar emoções, pois essas associações mentais afastarão você do caminho para o silêncio interior.

Certos instrumentos de corda clássicos indianos, como a cítara e a vina, são conhecidos por também tranquilizarem a mente. Funcionam como um diapasão ao afinar um instrumento musical.

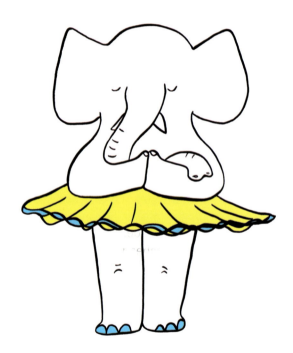

23. Qual é a roupa ideal para meditar?

O ideal é uma roupa confortável. Assim como colocar um pijama induz ao sono e roupa de ginástica ou de yoga induz à atividade física, uma roupa exclusiva para meditação criará a associação mental favorável ao estado de recolhimento. Na Índia e no Tibete usa-se o que chamam de *shawl*, um xale que aquece e é fácil de tirar se você sentir calor. Até hoje eu uso e é bem funcional.

Se você vai se sentar no chão, é importante que a roupa não impeça de dobrar e cruzar as pernas com facilidade. Sentar-se em uma cadeira não exige tanto. Com a prática você vai saber qual é a roupa ideal para meditar.

24. Acessórios ajudam a meditar?

Nunca houve tanta oferta de instrumentos, acessórios e comodidades para meditar. Você dispõe de almofadas, banquinhos, luzes, perfumes, incensos, música e uma infinidade de produtos. Eles são úteis se cumprirem a função de benefício para sua prática.

Os tapa-olhos, aqueles que você ganha em viagens de avião, exercem uma pressão bem leve e acalmam o cérebro, com os devidos cuidados para quem usa lentes de contato.

Almofadas ou banquinhos de meditação também ajudam você a ficar desperto por favorecer a postura ereta. Os óleos essenciais e perfumes nos trazem diferentes estímulos e associações. Observe se isso contribui no seu relaxamento e concentração.

São pesquisas pessoais que valem a pena. Uma vez que você desenvolve sua prática, os acessórios se tornam menos indispensáveis.

25. É importante estabelecer uma rotina, ter um ritual?

O ritual com uma sequência de ações prévias funciona como um catalisador da atenção mental e emocional, o que produz bons resultados. Manter os objetos em um mesmo local favorece nossa tranquilidade, além de trazer uma sensação prazerosa e até de segurança.

Essas tarefas a serem cumpridas fazem com que você proponha a si próprio que: "Se eu fiz essas ações, estou pronto para me entregar". Porém, nem o lugar nem o ritual devem ser mais importantes do que a prática!

Meditação é tanto o ato de dedicação quanto o ato de entrega.

No silencioso topo de uma montanha, a sessão matinal de meditação de um mosteiro foi interrompida pelo miado faminto de um filhote de gato. Um monge foi até a porta e encontrou o gatinho pedindo abrigo. O monge levou-o para dentro e o acolheu com comida e calor. Mas gatos não são obedientes, e esse novo morador logo passou a incomodar as sessões, perambulando e miando entre os meditadores.

A partir daí um deles ficou incumbido de amarrar o gato no poste do quintal todos os dias antes de iniciarem a meditação, para que ele não atrapalhasse mais. E dessa maneira se firmou um ritual.

O tempo passou, o gatinho envelheceu e morreu. Logo uma reunião foi convocada para que um dos monges fosse a uma vila próxima a fim de conseguir outro gato, e assim manter o ritual de meditação de amarrá-lo no poste!

26. É melhor meditar sozinho ou em grupo?

As duas formas têm vantagens e desvantagens. No treino sozinho o ambiente é controlado e o tempo de duração é você que estipula. É positivo, mas requer uma renovação periódica do propósito para fortalecer a vontade e a constância.

O grupo nos traz o entusiasmo espontâneo da motivação de todos na mesma ação, numa tarefa com a mesma finalidade, e isso é positivo. Em meus trabalhos em grupo, a conversa depois da meditação é tão rica quanto a própria meditação.

Somos seres sociais e aprendemos juntos. A persistência do outro nos reforça. Por outro lado, existem praticantes que se incomodam com leves ruídos ou pequenos movimentos dos outros, mas até isso pode ser incluído como um bom aprendizado.

27. Posso começar em qualquer idade?

Em algumas tradições, em que a meditação é parte de uma disciplina monástica, os jovens começam cedo, até mesmo na infância. Para nós, que não temos essa tradição, é benéfico iniciar em qualquer idade.

Não é comum a criança se interessar por esse tema tão cedo, pois sua natureza é ir para fora perguntando sobre tudo ou voltando-se para dentro quando brinca sozinha. Mas meditar faz bem para as crianças que quiserem, mesmo que seja por poucos minutos.

Para um idoso, a dificuldade reside em um corpo mais enrijecido, o que torna difícil a permanência na postura. Mas existem vantagens, como ter mais tempo para se dedicar e maturidade em relação aos próprios desejos. As expectativas e ansiedades são abrandadas pela idade e esse fator é favorável para que a mente se volte para dentro.

O mestre de Nasrudin pediu que o chamassem e disse a ele:
– Se você quiser progredir no caminho, precisa desenvolver a paciência.
Nasrudin concordou e, naquela noite, ao realizar suas preces, pediu:
– Por favor, dai-me paciência... agora!

28. A alimentação interfere na meditação?

A alimentação interfere em duas vias: se você come muito e fecha os olhos, é natural que sinta sono. Se você está em jejum e fecha os olhos, é natural que fique imaginando comida.

O ideal é o estômago vazio, sentir que não está digerindo algo e ainda não está com fome. Se você prefere meditar logo de manhã e sente muita fome, procure tomar suco ou chá em pouca quantidade e sem cafeína. É sabido que as bebidas com cafeína agitam os pensamentos, ainda que na hora da prática você não consiga ter consciência disso. Desde a Antiguidade, no Oriente, o dilema de tomar um chá logo cedo para manter-se desperto ou tomar demais e ficar agitado indica que há um aprendizado no "tempero" para cada um.

Mudanças naturais de hábitos ocorrem com praticantes de meditação, yoga ou qualquer outra atividade que propicie maior observação e conhecimento de seu corpo, de seus ritmos e de tudo aquilo que traz benefícios. É positivo então que você aceite e acolha essas transformações, que são frutos de sua dedicação a essa nova atividade.

29. O que mais interfere na meditação?

Cuidar do corpo é fundamental, mas a mente também requer preparo e cuidados, pois, apesar de não ser um local físico, habitamos nela. Se estiver agitada ou dispersa, o caminho para a meditação torna-se longo. Tudo que você vê, assiste ou lê antes de praticar influencia na qualidade de sua sessão. Até na noite anterior!

A mente é o assento do que chamo de coração da meditação, e pode se tornar inimiga ou amiga, uma grande e inestimável aliada. Tudo depende de como você a alimenta. Se você quer ter cuidados extras e potencializar os resultados da meditação, cuide da nutrição de sua mente o dia todo.

Você já questionou com que tipo de imagens, informações, leituras e notícias você tem alimentado sua mente?

Conta-se que um homem chamado Manjung foi visitar Lao-Tsé, na esperança de encontrar a solução para muitos de seus problemas.
Ao chegar, o sábio lhe disse:
– Se queria me ver, por que trouxe junto essa multidão de gente?
Manjung estranhou, pois viera sozinho. O mestre completou:
– Entre, mas peça a toda essa gente que espere lá fora.
Só então Manjung compreendeu que trazia a multidão em sua mente.

30. Não consigo parar de pensar quando medito. O que faço?

Os pensamentos são como um rio. Não dá pra parar. Mas meditar é como um peixe que aprendeu a nadar a favor da correnteza. Seguir o fluxo desse rio é aprender gradativamente a observar os pensamentos a distância. Assim, chegamos a um remanso do próprio rio, e nesse remanso há um descanso para a mente: é onde ela, o seu corpo e todo o seu ser se revitalizam!

Um iniciante costuma achar que pensa mais quando senta para meditar. Na verdade, ele apenas está se dando conta da velocidade usual de sua mente. Os antigos mestres nos presentearam com o seguinte exemplo ilustrativo.

Imagine a roda de uma carroça em movimento. Quando ela está em alta velocidade, você nem consegue ver os aros da roda.

À medida que você pratica, aprende a observar melhor seus próprios pensamentos e vê com clareza que "a roda tem aros". Isso é sinal de que os pensamentos já estão desacelerando.

Com o treinamento você vai conseguir contar os "aros", perceber os espaços entre eles. E você vai aceitar que está aprimorando seu poder de conhecer a mente e identificar que há mudança no ritmo interno. É um excelente indicativo de progresso!

Tudo que você precisa é reconhecer cada etapa desse processo.

Nasrudin passeava no mercado quando encontrou seu amigo Yussuf, que segurava uma gaiola com um papagaio pequeno, cujo preço de venda eram três peças de ouro. Escandalizado, Nasrudin gritou:
– Como se atreve a pedir tanto por um mero papagaio?
Yussuf olhou firme para Nasrudin e disse:
– Fique sabendo que peço um preço justo. Este não é um pássaro qualquer: ele fala!

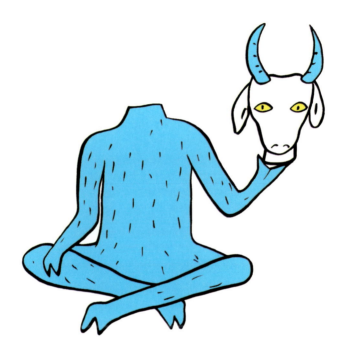

Sem saber o que responder, Nasrudin seguiu seu caminho.
Uma hora mais tarde veio a surpresa: Yussuf viu seu amigo instalar-se ao seu lado com um corvo velho numa gaiola. Pregado à gaiola estava o preço: doze peças de ouro!
– Ladrão! Você não tem vergonha de pedir esse preço por um corvo velho?
– Não. É verdade que é um corvo velho, é verdade que não fala, mas este não é um pássaro qualquer: ele pensa!

31. Nem sempre fico em paz quando medito. O que faço?

Meditação é uma jornada que envolve uma rica exploração interior para descobrir como está seu universo de sensações, emoções, sentimentos e pensamentos. Na meditação somos exploradores na aventura de nos conhecermos melhor. A ferramenta importante desse explorador é um diário. Pode ser um caderno onde você anota sem censura o que percebeu ou sentiu. Quando você reler seu diário, vai perceber que viveu momentos diferentes, que lhe darão um parâmetro das várias experiências nessa jornada e de quanto já caminhou.

Se você experimentar inquietações exageradas ou entrar em contato com sensações desagradáveis ao meditar, é importante investigar o porquê. Logo que terminar, pergunte-se de maneira objetiva o que causou essa sensação durante a sessão. Faça essa pergunta em silêncio ou em voz alta para se ouvir. Em seguida, escreva a resposta que vier à sua mente.

Faça isso várias vezes. Escreva as respostas mesmo que no início não pareçam fazer sentido ou que sejam desconexas. Você está se familiarizando com algo novo e logo verá novas perspectivas para questões que sejam ou pareçam complicadas.

Nasrudin, sentado na sala de espera de um consultório médico, repetia em voz alta:
– Espero que eu esteja bem doente!
Isso incomodou muito os outros pacientes.
Quando o médico apareceu, Nasrudin ainda repetia:
– Espero que eu esteja bem doente!
– Por que diz isso?
– Detesto imaginar que alguém que se sinta tão mal como eu não tenha nada!

32. O silêncio me incomoda. Meditação é para mim?

O silêncio é uma das metas importantes da meditação. Alguns se impressionam quando chegam a esse lugar tranquilo. É um lugar desconhecido e pode ser experimentado como assustador. Alguns iniciantes relatam dessa forma suas impressões, mas talvez nunca aconteçam com você, mesmo em vários anos de prática.

A meta é o silêncio, não o lugar assustador. É fundamental entender que a sensação desagradável vem de uma interpretação da mente. Meditação é o processo de habituar-se a esse silêncio interior e saber quanto ele é criativo e seguro. Certas tradições se referem a esse silêncio com diferentes nomes e dão referências como "vazio" para descrever esse lugar – assim poderemos reconhecê-lo e ser receptivos quando essa experiência acontecer.

Um asceta meditava imóvel, sentado em sua caverna numa floresta, em meio ao silêncio. De repente um rato começou a roer a ponta de sua sandália. Interrompido pelos caprichos do insignificante animal, o praticante esbravejou:
– Quem pensa que é para perturbar minha meditação?
– Estou morto de fome!
– Fora daqui! Estou prestes a atingir a iluminação. Como ousa perturbar-me neste momento?
Ao que o rato respondeu:
– Quanta pretensão! Buscando a iluminação e não consegue nem ficar em paz comigo!

33. É normal sentir medo?

Sim! Acontece e é ótimo saber como enfrentá-lo. Não fomos educados para entrar em contato com nosso universo interno. Ou seja, nossa atenção e os sentidos estão voltados predominantemente a estímulos externos.

O medo tende a se dissipar com a prática regular da meditação. Quando ele surge, a respiração e os batimentos cardíacos se alteram, o corpo se imobiliza e somos tomados por ele.

Ficar em contato com a respiração, sentindo-a e observando-a, vai ajudar a dissolver ou minimizar esse medo. A mente tende a ampliar os medos por causa do foco excessivo neles, e a concentração no corpo é um caminho simples para mudar esse foco.

Se o medo persistir, você precisa investigar o motivo com apoio profissional. Nesse caso foi positivo, porque a meditação abriu a porta para você restabelecer seu equilíbrio ao trazer à tona o problema.

Um rei cruel ouviu falar dos poderes de Nasrudin e resolveu chamá-lo à corte.
– Se não comprovares teus poderes, mandarei te enforcar.
Rapidamente Nasrudin respondeu:
– Majestade, vejo coisas estranhas neste ambiente: uma ave dourada além do teto e criaturas assustadoras embaixo deste chão.
– Mas como consegues ver através do que é sólido, como o chão e o teto?
– Tudo que preciso é do medo!

34. Estou numa fase difícil, com vários problemas. Como meditar?

A meditação nos ensina um novo olhar para nossa esfera social, profissional e afetiva. Ensina também um novo olhar para nosso universo interior e para a maneira como pensamos e reagimos aos eventos externos. Uma vez que a mente desacelera pela prática, é possível enxergar de fato o que está acontecendo, e aí nos resta agir para melhorar.

Quando estamos "engatados" em um problema ou dificuldade, pode funcionar simplesmente olhá-lo por outro ângulo ou com outros olhos.

Nem sempre é possível mudar o problema externo, mas sempre é possível mudá-lo internamente a partir de uma nova atitude. Se o mundo lá fora é físico e concreto, a mente e seus problemas são energia, e energia pode ser transformada e canalizada de maneira eficiente.

Comece sua sessão com afirmações: "Vou fechar os olhos agora e vou aprender mais sobre mim!", ou "o lado silencioso da minha mente vai me revelar algo novo e mudar minha visão positivamente".

Um homem com sérios problemas financeiros fez uma promessa: caso encontrasse a solução para seus problemas, venderia sua casa e distribuiria todo o dinheiro para os pobres.
Quando os problemas foram resolvidos, anunciou a casa por duas moedas de ouro, mas com uma ressalva: quem comprasse a casa teria que comprar também seu gato, pelo valor de mil moedas de ouro.
Quando finalmente conseguiu vender a casa e o gato, o homem doou as duas moedas para os pobres e guardou muito bem guardadas as outras mil moedas!

35. Quando medito, às vezes perco a consciência do corpo. É normal?

Em geral, não sentir o corpo durante o período de uma sessão acontece sem perturbação, porque da mesma forma que você perde a consciência corporal, você a retoma. Torna-se até um estado agradável, pois há um descanso total da mente.

Lembre-se de que todos os dias você perde a consciência do corpo quando dorme e depois dessas horas de sono você a retoma sem esforço. A diferença é que, se isso acontece na meditação, você estará em outro nível de concentração, em uma frequência cerebral que permite isso.

Nasrudin passou uma noite num grande dormitório, numa hospedaria em meio a muitos viajantes.
Pelo receio de se perder no meio daquele monte de gente e de acordar sem saber quem era, decidiu amarrar um balão colorido no dedão do pé para se diferenciar dos demais.
No meio da noite, um homem que observara a cena retirou por brincadeira o balão do dedo de Nasrudin e o colocou no dedo de outro homem que dormia ao lado.
Na manhã seguinte Nasrudin acordou e, ao ver o balão em outro pé, exclamou:
– Se ele sou eu, quem sou eu, então?

36. Meditar tem alguma contraindicação?

Não conheço nenhuma contraindicação. A vantagem de meditar é estabilizar a mente. Uma mente estável traz emoções estáveis.

Emoções estáveis contribuem para que o funcionamento do corpo e sua fisiologia se tornem mais resistentes a altos e baixos e menos ameaçados por acontecimentos externos que afetam os sistemas biológico, imunológico, digestivo, respiratório e cardiovascular.

Mas, veja bem, uma mente estável não é indiferente: é forte e direcionada! Emoções estáveis não tornam uma pessoa fria, mas sim alguém com uma visão clara e menos conturbada por oscilações naturais da vida. E isso é uma vantagem maior quando você reconhece que a mente, as emoções e o corpo, com seus sistemas integrados, são uma coisa só!

Um amigo de Nasrudin um dia lhe perguntou:
– Por que você sempre responde a uma pergunta com outra?
– Faço isso?

37. É arriscado ler este livro e tentar aprender sozinho?

Não! Não há risco em tentar aprender sozinho.

Este livro vai inspirar você a iniciar, continuar e se aprimorar nessa prática milenar. Nele me concentrei em transmitir orientações de como vencer as dificuldades para inserir a meditação em sua vida, e não em explicar linhas ou técnicas específicas. No final do livro você encontrará cinco técnicas simples e efetivas para iniciar, ou como opção de experimentação para quem já medita. Se você não se adequar às técnicas sugeridas, pesquise e teste para descobrir outras que mais se adaptem a seu estilo de vida.

Nada do que está escrito aqui foi inventado por mim, mas foi experimentado em mim e observado em meus alunos. A função que assumo é de traduzir e simplificar para você todo esse conhecimento que não me pertence.

É bom saber que, por mais que você leia, estude, faça cursos, pratique em grupo, essa prática é sempre individual e solitária.

E lidar com isso fortalece bastante cada um!

Se você nunca praticou, é natural procurar orientação. Se sentir necessidade, procure um professor ou mestre e use seu discernimento; confira se ele também pratica e se motiva você.

Tive um mestre em meditação que dizia: "Se você quer aprender a cozinhar, procure um mestre-cuca; se você quer aprender a pintar quadros, procure um professor ou um artista que conheça essa arte; para se tornar um engenheiro, médico ou advogado, procure mestres no assunto em uma universidade".

Então, se você quer se tornar um meditador, também deve procurar quem saiba e pratique.

Muitos interessados que procuram meus cursos ou retiros e já meditam vêm para reciclar ou renovar seu entusiasmo, e isso também é recomendável.

Um dia Nasrudin estava à beira de um lago misturando iogurte na água quando um amigo passou:
– Nasrudin, o que está fazendo?
– Misturando iogurte no lago, assim teremos um lago de iogurte.
– Mas isso não funciona!
– Sei que não funciona, mas já pensou se der certo?

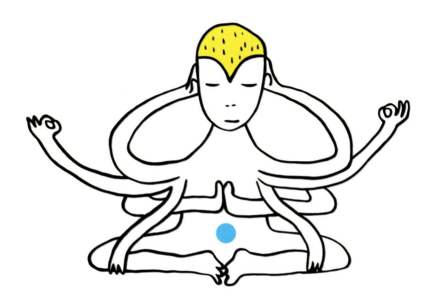

38. Posso usar técnicas diferentes?

Uma técnica é uma ferramenta. Experimente-a bem até notar algum resultado, mesmo que seja parcial. Analise esse resultado com discernimento para decidir se continuará com a mesma técnica.

Mas atenção: não há razão para buscar outras técnicas se a atual está funcionando. Explore-a bem. Você se surpreenderá, pois a mesma técnica ensinará mais e mais. E cuidado com adaptações nas orientações originais que receber. Isso, em geral, é apenas uma desculpa para não transpor uma resistência. Para meditar é preciso persistência e vontade ao lidar com a agitação natural da mente.

Antes de trocar de técnica, investigue se outro fator está impedindo que você conheça bem esse caminho. Neste livro você encontrará opções e instruções de como melhorar a qualidade de sua prática sem interferir na técnica que você escolheu para meditar.

Conta uma história que dois fazendeiros viviam uma longa estiagem em suas propriedades e sofriam com a seca. Então cada um resolveu, simultaneamente, cavar um poço.
O primeiro, depois de poucos metros de profundidade, não encontrando sinal do líquido precioso, partiu para escavar outro poço, e depois mais outro. E continuou tentando e mudando até que após algumas semanas sem sucesso tinha cavado quase uma dezena de poços.
Seu vizinho continuou firme e forte no mesmo buraco do início, e na profundidade necessária viu a água verter do solo.

39. Preciso seguir uma religião ou cultura para meditar?

Não. A meditação é um patrimônio da humanidade. Se estudarmos nossa história, iremos constatar que a meditação esteve e continua presente – em termos religiosos e filosóficos – em diferentes lugares do planeta. Hoje ela é estudada e praticada também nos meios científicos e empresariais.

É positivo conciliar a meditação e eventuais rituais que você escolher com seu sistema pessoal de crenças para que ela se insira em seu cotidiano, encontrando o tipo de atividade que não crie conflito com essas crenças.

A meditação faz de você um cientista melhor. Faz de você um artista melhor. Melhora sua prática religiosa. Você é livre!

Então, inclua mantras, sons, repetições em seus rituais de preparação para meditação apenas se chegar à conclusão de que eles fazem sentido e trazem benefício e aprendizado para sua vida.

Nasrudin decidiu construir uma casa. Seus amigos, que tinham cada um sua própria casa, deram muitos conselhos. Um após outro, e às vezes todos juntos, disseram o que fazer para erguê-la. Nasrudin seguiu docilmente as instruções que recebeu.
Quando a construção terminou, não se parecia em nada com uma casa!
– Que curioso! – disse Nasrudin. – E, no entanto, fiz exatamente tudo que cada um de vocês disse para eu fazer!

40. Meditar vai me afastar de amigos que não meditam?

A meditação é bem eficiente para nos integrar ao ambiente em que vivemos. Você fica mais tolerante consigo mesmo quando pratica a meditação com regularidade, mais paciente com pensamentos não tão acolhedores e lida melhor com seus humores. Essas são qualidades que você agrega, ora pela compreensão de como funciona sua mente, ora por aprender a se observar dentro de um contexto mais amplo.

É evidente que quando você atinge essa tolerância, paciência e clareza com você mesmo é mais fácil ser tolerante, paciente e claro nas relações com o meio e com as pessoas do seu convívio.

Ao longo de tantos anos meditando e acompanhando meus alunos, noto que muitas pessoas, consciente ou inconscientemente, querem conviver com meditadores. Sentem certa atração pela calma e estabilidade que eles emanam.

Nasrudin chega montado em seu burro a um povoado pensando no que pensar, quando seus amigos o chamam.
Ao se aproximar, eles desandam a reclamar do que ele havia feito e do que ele não havia feito.
Nasrudin se volta então para seu burro e, sorrindo, lhe diz:
– Que sorte que não falas!

41. Meditação é uma forma de fuga da realidade?

Se você acredita que tudo em que pensa é real, vai achar que sim, que meditação é uma fuga da realidade.

Mas se você já entendeu que não consegue pensar apenas no que quer e que certos pensamentos até parecem loucura, vai achar que não.

Tantas vezes ouvi: "Minha mente me enlouquece", "ela fantasia demais", "vejo que cria problemas imaginários". Quando você encara essa questão, se dá conta de como meditar é positivo. Porque você aprende a observar e a se afastar dessas imagens criadas pelas palavras e frases mentais que alteram e perturbam seu bem-estar, e dessa maneira dá espaço para pensamentos construtivos e positivos.

Houve um momento em que a Terra era considerada quadrada, depois desconfiaram que era redonda, depois, olhando de fora da atmosfera a trinta mil metros de altura, vislumbrou-se a beleza dessa esfera que é nosso planeta azul. É preciso se afastar dos pensamentos pequenos para descobrir a força e dimensão de nossa energia mental e ter uma bela visão desse mundo fantástico que é a nossa mente.

Nasrudin dirigia seu carro por uma avenida, quando escutou no rádio:
– Motoristas que trafegam pela avenida principal, tenham cuidado!
Há um louco dirigindo na contramão!
Nasrudin pensou:
– Um louco apenas? São dezenas deles!

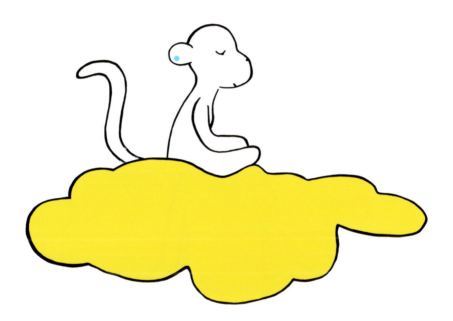

42. Vou aprender a controlar pensamentos ruins meditando?

Você vai aprender a "assistir" aos pensamentos como num cinema, onde vê as imagens passando na tela. Você pode ficar emocionado, envolvido, mas tem discernimento para saber que aquilo é só um filme.

Tanto as imagens vindas de pensamentos bons como as vindas de pensamentos ruins advêm constantemente e nem tudo é de fato verdadeiro, nem tudo vai acontecer, nem tudo aconteceu como você se lembra. O que existe é a sua interpretação, sua maneira de ver, compreender e registrar o mundo. O ato de "observar" tem uma forma mais refinada, que é "testemunhar".

Podemos testemunhar os pensamentos sem julgá-los ou rotulá-los como bons ou ruins. Quando você aprender a fazer isso e se desenvolver nesse sentido, verá que testemunhar pensamentos de qualquer tipo sem julgá-los afasta e protege você de sentimentos ruins gerados por pensamentos ruins.

Isso traz uma imensa liberdade!

Toda vez que certo monge tentava meditar, era perturbado por uma aranha. Procurou então conselhos de seu mestre, que disse:
– Na próxima vez que se sentar para meditar e a aranha aparecer, pegue rapidamente um pincel e pinte um círculo na barriga do animal. Então verá de que tipo de monstro se trata.
E assim ele fez. Sentou-se para meditar e logo veio a aranha.
Então ele marcou a barriga dela com um círculo vermelho e a aranha desapareceu!
Por fim ele teve paz.
Quando o monge concluiu sua meditação, a primeira coisa que viu foi um círculo vermelho em sua própria barriga, descobrindo que ele mesmo era a aranha que perturbava sua meditação.

43. Meditação ajuda nos esportes e nos estudos?

Quando assisto a uma competição esportiva, como uma Olimpíada, me parece que entre vários atletas há um nível excelente de preparação física, mas o que diferencia um do outro e faz com que um deles vença é sua condição mental.

Nos estudos e nos esportes necessitamos de concentração; é preciso ter foco para trazer os sentidos na mesma direção. Esse é um dos passos a serem seguidos por quem pratica meditação.

A mente treinada traz a atenção para onde se quer e permanece aí segundos a mais. Esses segundos vão fazer a diferença. Em momentos competitivos sofremos a ação dos agentes estressores que minam nossa preparação. O estresse se origina na mente ou passa por ela, e a meditação, que nos ensina uma melhor relação com a mente, nos fortalece contra efeitos negativos do estresse e permite administrá-lo.

Na beira de um lago, uma garça concentrada procurava um peixe. Atrás dela, um caçador apontava um rifle em sua direção, mas a garça nem se dava conta.
Um mestre comentou:
– Quando estiver meditando, seguirei seu exemplo e jamais me voltarei para olhar o que está atrás.

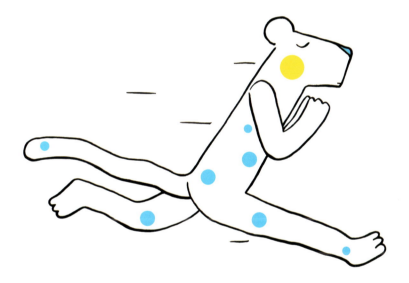

44. Meditação aumenta a criatividade?

Quando conseguimos afastar a atenção de um problema, estamos mais próximos de achar sua solução. O campo criativo torna-se mais amplo quando aprendemos a afastar a mente das lembranças repetitivas. A meditação é um grande instrumento para removê-las e aumentar sua capacidade mental e de ação.

Ela também ajuda a memória. Você já deve ter experimentado que, quando se esquece da vontade de se lembrar de algo, consegue se lembrar do que queria. O estado de relaxamento e calma que a meditação propicia atua dessa maneira.

Protagonistas de grandes descobertas da ciência e de grandes invenções na história da humanidade narram que as ideias surgiram quando estavam com a mente relaxada ou envoltos em uma atividade lúdica, em um estado pré-meditativo.

Bastam alguns minutos de meditação para refrescar a mente e abrir seu campo criativo!

Mas cuidado, estou falando da criatividade que traz benefícios concretos para sua vida, para sua realização pessoal e interação com os outros. Não estou falando de fantasias e do excesso de imaginação que cria um universo irreal ou surreal, que impede a habilidade de enxergar e agir com clareza.

O rei chama Nasrudin:
– Dizem que você tem poderes mágicos. Ordeno que abra este baú de joias com essa magia, pois perdi a chave e preciso desses tesouros!
– Digníssimo rei, posso até ser mágico, mas não sou serralheiro!

45. Devo buscar um estado especial na meditação?

É natural que você tenha uma expectativa positiva e queira resultados, mas eles chegam à medida que você desenvolve qualidades, como entrega e observação, que são mencionadas várias vezes neste livro. Pense em alguém que fica na expectativa de descansar dormindo, porém passa uma noite inteira com insônia por isso!

Também não é preciso ver luzes ou ter experiências sobrenaturais para chamar de meditação. Temos que ficar vigilantes para que nossa imaginação não imponha condições e que só consideremos que meditamos se essas condições forem cumpridas. Você até pode ver luzes ou escutar sons, mas o importante é não se ater a isso. Lembre-se de que todos os dias você já vê muitas imagens dispersas criadas por suas distrações e fantasias. Essa não é a meta da meditação.

E se não acontecer nada?

Vamos pensar diferente: sempre acontece algo, mesmo que não seja nada! Quando achamos que não aconteceu nada é porque estávamos esperando alguma coisa específica ou alimentando expectativas excessivas. Você vai descobrir que de fato acontecem coisas, mas não aquelas que você imaginava.

Um aspirante pede ao seu mestre uma técnica avançada de meditação. Após recebê-la, é orientado a praticá-la por um longo período. Depois de cumprir a orientação recebida, num dado dia volta esfuziante para seu mestre para compartilhar sua experiência.
– Mestre, eu meditava profundamente quando me vi em frente a uma enorme cachoeira. Mas não era qualquer cachoeira, ela era feita de brilhantes e pedras preciosas e o reflexo da sua luz inundava meus olhos de beleza...
Após ouvir a longa descrição, o mestre pergunta:
– E então o que você fez, voltou para sua técnica de meditação?

46. Devo interromper a meditação e anotar se surgir uma ideia ou percepção importante?

Sei que às vezes chega a ser irresistível não parar e anotar. Você está com aquela questão que parece sem solução e, depois de pensar por vários dias, de repente aparece durante a meditação uma resposta ou uma ideia maravilhosa escondida entre dois pensamentos. Mas quando você para e anota, cria um grau de excitação que torna difícil terminar a sessão em paz.

Se você cultiva e respeita o hábito de reservar cinco minutos depois de cada meditação para anotar, é possível lembrar no final de tudo os *insights* que vieram. Mas não é errado parar, se você tiver discernimento e não transformar a interrupção da prática em um hábito.

Um dia, quando ia para o mercado, Nasrudin encontrou um espelho perdido no chão. Pegou-o e, ao ver sua imagem refletida, exclamou:
– Que coisa horrível! Não me espanta que tenham jogado fora!

47. Meditação ajuda a mudar hábitos?

Sentar para meditar todos os dias por cinco, dez ou trinta minutos já é uma poderosa mudança de hábito. Uma mudança nos predispõe a outra. Uma fortalece a outra.

Com a prática constante da meditação, chegamos à observação da raiz dos hábitos e isso torna mais fácil remover um hábito negativo e estabelecer hábitos positivos. Alguns meses de regularidade serão benéficos para dar um panorama sobre como você funciona na vida e de como pode mudar o que quiser mudar.

Considero que os obstáculos existem para que tenhamos a capacidade de removê-los do caminho, então nesse sentido a meditação torna-se um suporte e um fluxo divertido de aprendizagem e criatividade na mudança de hábitos.

Um dos meus mestres de meditação dizia que se você consegue ter uma dedicação de quatro anos a uma faculdade, deveria da mesma forma se dedicar por quatro anos à meditação para ter excelentes resultados.

Pratique! Pratique! Pratique!

Nasrudin estava jogando pedaços de pão pela janela.
– O que está fazendo? – perguntou o vizinho.
– Mantendo os tigres afastados daqui.
– Mas aqui não há tigres!
– Exatamente. Funciona, não?

48. Vou precisar meditar pelo resto da vida?

É mais fácil você querer do que precisar meditar pelo resto da vida. Meditar traz um tipo de maturidade e alegria que são contagiantes e nunca são demais. Algumas respostas para nossas questões surgem logo que começamos a praticar, outras vêm com o tempo.

A qualidade de percepção aumenta e você passa a detectar novas inspirações e perspectivas para sua vida. Isso tudo é gratificante e é bom que se estabeleça essa longa amizade consigo mesmo: ter a meditação como companhia é recompensador!

49. Gostei deste livro. Como devo começar a meditar?

Vamos a uma síntese dos aprendizados:

– Comece definindo um horário em que você possa ter um tempo sem nenhum tipo de interrupção e decida antes por quanto tempo vai se dedicar. Minha sugestão para um iniciante é um mínimo de cinco minutos e máximo de trinta minutos.

– Depois defina o que prefere: sentar-se em uma cadeira ou no chão. No início do livro você encontra descrições de como sentar-se para ficar ereto e reduzir a tensão no corpo.

– Programe algo que possa avisá-lo quando o tempo estipulado terminar. Pode ser qualquer alarme cujo som seja suave.

– Uma técnica inicial simples e boa: observar a própria respiração. Isso significa sentir o fluxo espontâneo da respiração com suas sucessivas entradas e saídas de ar.

– O que quer que esteja sentindo, mantenha o tempo que você combinou com você mesmo. Se achar que foi longo demais, na próxima vez diminua um pouco e vá dosando.

– Ao terminar, anote em um caderno o que você sentiu e experimentou, sem julgamentos ou filtros. Isso em geral leva cinco minutos. Depois de uma semana ou dez dias, leia suas experiências anotadas.

– Reconheça qualquer progresso, por menor que seja. O fato de você ter repetido o exercício já é um grande progresso.

Um velho homem encontra um menino catando estrelas-do-mar ao amanhecer e jogando-as de volta no oceano. Eram muitas e se encontravam espalhadas na areia de uma praia imensa.
O velho então pergunta:
– O que você está fazendo?
– Salvando a vida destas estrelas-do-mar, pois quando o sol chegar morrerão todas.
– Que bobagem! Isso não vai fazer diferença, veja só como a praia está repleta delas! Não perca seu tempo, porque não vai conseguir salvar todas.
Quando o velho foi embora, o menino atirou mais uma nas águas do mar e repetiu para si:
– Salvei mais uma, fiz mais uma diferença!

50. Afinal, quais são os efeitos positivos da meditação?

Se você acompanha esse tema pela internet, vai encontrar inúmeros artigos e teses que comprovam os efeitos benéficos da meditação para a saúde física, mental e emocional. Nunca encontrei um só artigo fundamentado que fosse contrário a ela!

O que quero compartilhar ao final deste livro é minha experiência pessoal de benefícios diários.

A meditação organiza minha mente, meus pensamentos ficam encadeados, fico focado e eficiente. Tenho a sensação de que faço uma faxina nas emoções, me tornando aberto e receptivo a familiares, alunos, amigos e às situações que surgem. Os problemas parecem mais simples, pois ela ativa minha criatividade.

É um descanso físico e mental, e com frequência funciona tanto quanto dormir.

É um alicerce que me ajuda a assimilar meus processos de transformação.

É essencial para escrever, ensinar e aprender.

Este livro foi dedicado a responder às questões que mais ouvi ensinando meditação. Mas existe uma forma bem simples de entender o maior benefício: meditar é a resposta!

Boa prática!

Um buscador embrenhou-se numa floresta para encontrar um renomado yogue. Por fim encontrou o eremita meditando em silêncio e sentou-se a seu lado. Depois de algumas horas, imaginando que conseguiria testar o mestre, o buscador disse:
– Seu silêncio é uma pergunta?
Ao que o yogue respondeu:
– Se meu silêncio é uma pergunta, então esta é a resposta.

Cinco técnicas simples de meditação

Para descobrir a simplicidade destas técnicas, primeiro leia o livro!

Você verá que as dificuldades em meditar geralmente residem em outros fatores abordados nas 50 questões, e não propriamente na meditação.

Técnica 1 - Observar a respiração

Imagine se você precisasse se lembrar de respirar. Não estaria vivo, não é mesmo?

Sente-se para meditar seguindo as instruções do livro e foque sua atenção em perceber o movimento de entrada e saída do ar. Vá seguindo esse movimento.

Ele é poderoso porque é contínuo. Se você se perder e sem querer parar, quando perceber que parou é só voltar a segui-lo novamente. Ele estará lá como o oceano, sempre em movimento. Você pode sentir a sua respiração nas narinas ou na superfície da pele do tórax ou no peito. Ou sentir a respiração externamente ou internamente, como que pelo lado de fora ou de dentro.

Os antigos sábios diziam que "assim como está a sua respiração está a sua mente", ou seja, se você observar sua respiração continuamente, vai acabar se acalmando e desacelerando sua mente também.

Técnica 2 - Instante da respiração

Depois de você ter treinado por algumas semanas ou meses a técnica 1, esta nova ferramenta é para perceber o momento bem preciso de cada inspiração e expiração. Será bem eficiente para mudar seus padrões de respiração e assim reduzir a ansiedade e o estresse.

Então inicie como na técnica 1 e concentre-se em observar o movimento contínuo da respiração, percebendo o instante exato em que começa o movimento da entrada do ar e o instante exato em que termina a saída do ar. Se você sentir um pouco de falta de ar no início, respire fundo algumas vezes e volte ao exercício.

Se você se perder e parar sem perceber, quando notar que parou é só voltar a seguir o movimento de sua respiração, como na técnica anterior.

Se ocorrer desconforto ou cansaço, pare e vá para a técnica 1 e permaneça nela até terminar o tempo total que você se propôs para sua sessão de meditação.

E lembre-se: antes de praticar, utilize todas as instruções de como sentar e ajustar seu corpo, encontradas neste livro.

Técnica 3 - Sentir o corpo como um todo

Como os físicos nos ensinaram, matéria é energia condensada. Seu corpo é uma usina de energia física. Ele é um campo de energia térmica, eletrostática, magnética e outros termos que podemos encontrar ao estudá-lo melhor. Do ponto de vista da sabedoria do Oriente, a energia é uma só.

Nada disso é teórico quando você sente seu corpo! Inicie sentando-se corretamente, conforme indicado neste livro. Nesta técnica, foque sua atenção nesse campo de energia que é seu corpo.

Você deve começar sentindo o quadril e os pés apoiados e perceber a energia gravitacional. Em seguida, sinta seu corpo físico pela energia da temperatura ou pela energia vibracional que ele possui, que podem ser sensações parecidas. Fique com sua atenção aí.

Se você se perder e parar sem querer, quando perceber que parou é só voltar a sentir, pois seu corpo obviamente estará aí mesmo onde você está.

Para alguns, nessa técnica é mais fácil começar focando o espaço físico que seu corpo ocupa e sentir isso ou pela sensação da massa física ou até pela sensação do seu espaço vital. Não há problema, pois funciona bem também. Lembre-se de que ser criativo nesse caso é uma questão de sentir suas percepções e experimentá-las.

Por fim, você chega naturalmente à sensação pura desse campo do corpo vivo, o que acalma bastante e leva para um nível de percepção de si mesmo mais profundo e saudável.

Essa é uma técnica muito funcional, porque nos desligamos rapidamente da energia responsável por ativar os pensamentos, e isso faz com que seja possível ganhar bons minutos de calma e quietude. Sem contar que, com o tempo de prática, esse período de tranquilidade tende a aumentar.

Técnica 4 - Observar a tela mental

Utilize todas as instruções de como se sentar e ajustar seu corpo, encontradas neste livro, e comece em seguida.

Com os olhos fechados, imagine-se sentado confortavelmente observando bem à sua frente um imenso campo vazio. Não coloque nada nele, nem uma imagem de árvore, nem uma casa ou qualquer outro elemento. Deixe-o vazio.

Essa paisagem bonita e vazia que você construiu é sua tela mental, o lugar onde tudo que você pensa, imagina ou lembra é projetado.

Fique atento e em total prontidão para perceber o primeiro pensamento que aparecer. Quando ele aparecer, identifique-o, deixe-o passar imediatamente e prepare-se para esperar o próximo. A chegada de um novo pensamento pode demorar, porque agora você está com seu grau de atenção mais ativado e, portanto, com mais poder de observação. Mas isso não é um problema e sim a solução, pois, enquanto as imagens que geram e acompanham pensamentos não aparecerem, você estará no estado de alerta, relaxamento e esvaziamento da mente, que fazem parte da meditação.

Se você se perder e sem querer parar ou se esquecer do campo vazio, não há problema. Quando perceber que se esqueceu dele, é só voltar e colocá-lo novamente na sua tela mental.

Técnica 5 - Passado e futuro, os dois carimbos

Como nas técnicas anteriores, utilize todas as instruções de como sentar e ajustar seu corpo – encontradas no livro – antes de começar!

Da mesma maneira que no exercício anterior, você vai ficar esperando que sua mente traga um novo pensamento. Fique atento e em total prontidão para perceber o primeiro pensamento que aparecer. Quando isso ocorrer, identifique se ele tem relação com o tempo passado ou com o tempo futuro – como se estivesse usando um carimbo, carimbe-o e descarte-o imediatamente.

Prepare-se para esperar o próximo pensamento. Repita e carimbe.

Depois de um tempo praticando esta técnica, você não vai encontrar nenhum pensamento que o remeta ao passado ou futuro. Se isso ocorrer é porque você está em um ótimo estado de alerta. Nesses momentos, tome consciência de que houve uma trégua de pensamentos. Sendo assim, você está na frente da janela aberta do momento presente. Desfrute desse estado silencioso e alerta, porque sem pensamentos você estará em contato com outro espaço que faz parte da sua mente: o silêncio.

Se você se perder e perceber que parou ou se esqueceu da técnica, não há problema. Quando perceber que esqueceu, é só voltar para ela, para a visão da sua tela mental, segurar novamente o carimbo imaginário na mão e carimbar cada pensamento que aparecer.

Visite e conheça estes e outros lançamentos
www.matrixeditora.com.br

Hoje é o dia mais feliz da sua vida
Diz o ditado que uma imagem vale por mil palavras. Mas não existe imagem que seja tão forte quanto as palavras precisas, as que encorajam, as que mostram caminhos, aquelas que fazem pensar e mudar. *Hoje é o dia mais feliz da sua vida* é um livro feito com palavras motivadoras e imagens de rara beleza, que também têm muito a dizer. Uma obra inspiradora, feita para quem quer um dia a dia de mais felicidade.

Superguia de Nova York
O autor desta obra gosta tanto de viajar para Nova York e conhece a cidade com tantos detalhes, que acabou virando referência entre os amigos, que viviam pedindo dicas de passeios, de compras e de restaurantes. Eram tantos pedidos que ele achou melhor colocar tudo isso no papel. Sorte nossa, que agora podemos nos deliciar com a visão de um turista que busca as melhores opções da Big Apple.

A história da minha vida
Plantar uma árvore, ter um filho e escrever um livro. Dizem que essas são três coisas importantes para se fazer na vida. Se você ainda não escreveu um, que tal começar a fazer isso agora? E por que não a sua própria história? Através de pequenos exemplos você é convidado a parar, pensar e escrever. Um livro para guardar e/ou compartilhar. Mas, acima de tudo, para ser um marco nessa importante vida que é a sua.

facebook.com/MatrixEditora